Wach sein

Wach sein,
das Leise hören,
das Kleine sehen,
das Feine spüren,
das Zarte pflegen.

Wach sein,
einen Schritt wagen,
die Hand anbieten,
liebevoll fördern,
behutsam fordern.

Wach sein,
Neues entdecken.

Advent heißt Ankunft

Ich wage es, will
Hindernisse ansehen,
Halbheiten annehmen,
Mängel beim Namen nennen
und zu den Grenzen stehen.

Ich wage es, will
wegräumen, was Leben behindert,
sagen, was ich zu sagen habe,
beitragen, was ich kann,
sein, wie ich bin.

Ich wage es, will
meine Chancen wahrnehmen,
meine Möglichkeiten erproben,
mir Fehler erlauben
und den ersten Schritt tun.

Wer oder was kommt in meinem Leben bei mir an? Auf diese Ankunft bin ich neugierig, ich möchte mich einrichten, ausrichten, vorbereiten. Es genügt nicht, die Weihnachtsgeschichten zu kennen, wie sie bei Lukas und Matthäus aufgeschrieben sind. Weihnachten will durch uns und in uns werden. Ich lasse mir Zeit, zünde eine Kerze an und genieße diese Minuten der Stille.

Neuer Anfang

Jetzt ist es Zeit für einen Neuanfang.
Ich will wahrnehmen, was ist,
mich erinnern, was war,
mir vorstellen, was sein wird.

Ich will mich aufmachen,
klären, was ungewiss,
annehmen, was war,
Neues wagen.

Ich bin bereit.

Stadt genannt, da ich meine

Stille erleben

Ich will still werden
und wage zu träumen
von glücklichen Menschen,
fördernden Beziehungen,
erfülltem Leben.

Ich will still werden
und spüre tief in mir
ungeahnte Möglichkeiten,
Wünsche und Bedürfnisse,
die Freude am Leben.

Es ist eigenartig: Viele wünschen sich in der Adventszeit mehr Zeit für sich, Stille. Viele möchten eine Kerze anzünden, vermehrt auf die Stimme des Herzens hören. Oft ist es dort aber nicht möglich, weil in dieser Zeit vor Weihnachten sehr viel vorbereitet und gemacht werden muss. Ist wirklich alles notwendig? Müssen wir alles mitmachen? Nein, ich darf mir Zeit nehmen. – Was kann ich in diesen Tagen mir zuliebe weglassen?

Bereit werden

Bereit werden,

hören,
was mich angeht

sehen,
was mich betrifft

sagen,
was mir wichtig ist

tun,
was mir entspricht

verantworten,
was ich mache

entfalten,
was angelegt ist.

Bereit werden,
Leben
und Leben ermöglichen

Diese Tage werden wertvolle Tage, wenn wir uns dem hektischen Treiben entziehen, Grenzen setzen und Nein sagen, bevor es zu viel wird; wenn wir uns auf das Wesentliche ausrichten, bereit werden für das, was uns geschenkt wird. Das fordert, dass ich mich selbst ernst und wahrnehme. Nur wenn ich ganz lebe, kann ich auch für andere ganz da sein.

Das Gute sehen

Nicht Fehler zählen,
sondern anerkennen, was gelingt;

nicht Mängel auflisten,
sondern Fortschritte würdigen;

nicht Passivität beklagen,
sondern Initiativen unterstützen;

wohlwollend Anteil nehmen,
ermutigen, Neues wagen.

Unser Zusammenleben wird schöner, wenn wir das Positive sehen, anstatt dauernd hervorzuheben, was nicht gelungen, nicht gewachsen ist. Ich kann jeden Tag Mitmenschen beschenken, wenn ich nicht lediglich sehe, was gut ist, sondern dem andern auch sage, was mich freut.

Miteinander

Aufeinander zugehen,
sich miteinander freuen,
füreinander da sein.

Aufeinander eingehen,
miteinander gestalten,
füreinander einstehen.

Neues ermöglichen.

Was zählt

In dieser Welt, die reich ist an

Worten, die verunsichern,
Blicken, die verletzen,
Gesten, die täuschen,
Hilfen, die hilflos machen,
Schlagzeilen, die erschlagen,
Vorschlägen, die blenden,
Hinweisen, die verführen,
brauchen wir Menschen,

Menschen,
auf die wir zählen können.

Die Weihnachtsgeschichte lässt vieles offen. Es wird nicht gesagt, wie es Maria und Josef unterwegs ergangen ist. Wir können uns aber sehr wohl vorstellen, dass es ein beschwerlicher Weg war. Auch heute fällt es vielen Menschen zeitweise schwer, ihren Weg zu gehen; sie zweifeln, ob sie ihr Ziel erreichen. Sie wissen, dass sie es alleine nicht schaffen. Wann ging es mir in diesem Jahr nicht gut? Wer waren die Menschen, die mich gestützt, einfühlsam begleitet haben? – Ich kann ihnen sagen, was sie mir bedeutet haben und bedeuten. Ich kann ihnen danken.

Leben ermöglichen

Ich will
helfen, wenn du Hilfe brauchst;
ermutigen, wenn du nicht weiterweißt;
stärken, wenn du nicht mehr magst.

Ich will
schweigen, aber ansprechbar sein;
zulassen, aber nicht gleichgültig sein;
vorschlagen, aber nicht befehlen;
begleiten, aber nicht einengen.

Ich will
für dich da sein,
aber auch zu mir Sorge tragen,
meine Bedürfnisse formulieren,
meine Grenzen setzen.

Ich will dich lieben wie mich selbst.

Vertrauen

Traue
der Stimme deines Herzens,
den Bildern deiner Träume.

Die Wahrheit liegt in dir.

Überall in der Welt wird Weihnachten gefeiert. Mit der Geburt Jesu sind viele Erwartungen verknüpft. Aber eigentlich liegt es an mir, ob Weihnachten wird. Ich kann meinen Teil beitragen, für Menschen verstehend und einfühlsam da sein, ermutigen, damit unsere Beziehungen lebendiger werden.

Heute kann ein neuer Anfang sein,
wenn wir ruhig werden,
uns selbst zuhören,
wahrnehmen, was wir wünschen,
was wir brauchen,
was wichtig und wesentlich ist.

Heute kann ein neuer Anfang sein,
wenn wir aufeinander zugehen,
uns zeigen, wie wir sind:
stark und verletzlich,
mutig und ängstlich,
überzeugt und verunsichert.

Heute wird ein neuer Anfang sein
wenn wir an uns glauben,
Beziehungen stärken,
uns ernst nehmen
und wachsen lassen,
was in uns angelegt ist.